흰 꽃, 메별

이 도서의 국립중앙도서관 출판예정도서목록(CIP)은 서지정보유통지원 시스템 홈페이지
(http://seoji.nl.go.kr)와 국가자료종합목록 구축시스템 (http://kolis-net.nl.go.kr)에서
이용하실 수 있습니다.
(CIP제어번호 : CIP2020037692)

# 흰꽃, 메별

2020년 9월 10일 초판 1쇄 인쇄
2020년 9월 18일 초판 1쇄 발행

지은이 | 이토록
펴낸이 | 孫貞順

펴낸곳 | 도서출판 작가
      (03756) 서울 서대문구 북아현로6길 50
      전화 | 02)365-8111~2   팩스 | 02)365-8110
      이메일 | morebook@naver.com
      홈페이지 | www.morebook.co.kr
      등록번호 | 제13-630호(2000. 2. 9.)

편집 | 손희 박영민 설재원
디자인 | 오경은 박근영
영업 | 손원대
관리 | 이용승

ISBN 979-11-90566-15-5  03810

잘못된 책은 구입하신 서점에서 바꾸어 드립니다.

※ 이 책은 서울문화재단 '2018년 첫 책 발간 지원사업'의 지원을 받아
   발간되었습니다.

값 10,000원

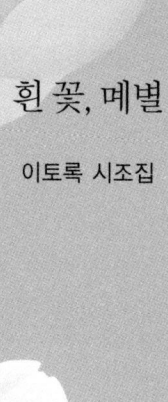

# 흰 꽃, 메별

이토록 시조집

작가

■ 시인의 말

여기 수 많은 상자들이 있다
나는 천천히 상자를 열어보고 있는 중이다
상자 안에 들어있는 것이 무엇인지 모른다
모르긴 해도 그곳에
한 세계가 들어있을 거라고 말하지 않겠다
다만, 이 많은 상자 중 하나에는
당신이 있었으면 좋겠다는 생각을 하면서

2020년 여름
이토록

차 례

시인의 말

# 제1부
# 세상이 캄캄해져야만 우주의 먼 별이 온다

깊이를 더하다 13
맹인 안마사 14
플라스틱 트리 15
양철지붕에 내리는 싸락눈 16
황사 17
겨울이 일찍 오는 마을 18
수화 20
노란 잠수함 21
휴머노이드 22
헛제삿밥 23
노을 속으로 24
비의 약전 25
독수리를 찾아서 26
목간 27
우박에 관한 몇 개의 비유 28
물웅덩이 29

## 2부
## 당신이 내 안으로 들어오려 했던 걸까

쭉정이 33
지금은 간신히 34
언덕 위의 십자가 35
어제의 일 36
사랑한다는 말 38
마지막 눈송이가 40
소리도 없이 울겠지만 41
석류 42
드라이플라워 43
골목과 미명이 만나는 시간 44
향어 45
넝쿨장미 46
하구에 이르다 47
상강의 이별 48
한통속 49
치유 50

## 3부
## 어디서 흘러왔나 저 써늘한 문장들

활 53
다시 쓰는 헌화가 55
누정의 꽃 56
읍성에서 한 시절 58
면암을 읽는 밤 59
흰 꽃, 몌별 60
늙은 뱀 62
절필 63
마당을 쓸다 64
시, 제련 65
월동, 가전체로 쓰다 67
겨울, 산가서 68
독거에 들다 69
느티나무집 71
싸리나무 약사 72

## 4부
## 생각이 한소끔 끓어 목울대가 뜨끈하다

쇠뿔 75

혼백처럼 눈발이 77

국수를 기다리다 78

심야버스를 타는 하루살이 79

0시의 편의점 80

화분을 갈며 81

집에 대하여 82

다시 쓰는 도하가 84

냉장고 문짝에 노란색 포스트 잇 85

칸나 86

포니를 타고 가다 87

발굴 88

로드킬 90

휘발유 91

물가에 놓인 신발 92

낙화유수 94

**해설**

해설_ 유성호(문학평론가, 한양대 교수) 97

1부
세상이 캄캄해져야만 우주의 먼 별이 온다

# 깊이를 더하다

꽁꽁 언 저수지에 새 한 마리 박혀 있다

세상을 빠져나갈 출구인 줄 알았을까
저 새는
깨진 부리로 비명에 쩡, 금을 냈다

둑방길 억새들도 머리채 잡혀 떨고
목숨을 헹구어 낼 커다란 대야 하나

흰 눈이 회오리치며 찬 주검을 덮는다

계절이 막다른 곳 허공에 빗장 걸듯
한사코 막아서는 이 악문 표지 아래

한 줌인 새의 무게가 그 깊이를 더했다

## 맹인 안마사


육신의 눈이 멀어 마음눈을 곁에 두다

촉수로 읽은 시는 소름과는 달라서
다 낡은 점자책 한 권 무릎 아래 펼쳐둔다

더듬어 짚어내야 그 혈이 보인다는
시절의 통점들은 먼눈이라 더 가깝다

세상이 캄캄해져야만 우주의 먼 별이 온다

# 플라스틱 트리

전나무 엉덩이에 플러그를 꽂는다
오늘은 거룩한 밤
성자가 태어난 날
울음이
강보에 싸여 말구유를 타고 온다

캐시밀론 솜눈을 거실 가득 내려야겠다
종소리도 닿지 않는 불 꺼진 첨탑 아래
남몰래 아이를 지운
마리아가 우는 밤

죽은 나귀 발자국들 공중을 걸어가고
밑동을 다 들어낸 불구의 기억인지
나무는
뿌리도 없이
우듬지만 푸르다

# 양철지붕에 내리는 싸락눈

소리 나는 마음에는
누가 와도 시끄럽다
깡통 같은 개인사를 카랑카랑 읊던 그가
책갈피
다 뜯어낸 채
엎어 놓은 백서들

저 소란을 따지리라
눈을 붉힌 새벽녘
지붕 위 한뎃잠은 다 어디로 쓸렸는지
흩뿌린
그의 구음만
결골마다 소복하다

# 황사

뼈마디 툭 불거진 자루 같은 노인이다

오늘도 옥상 위에 둥둥 뜨는 저 신기루

바람이
입 안에 가득 생쌀을 물고 있다

사막을 건너기 전 육탈을 하려는지

그는 눕고 혼이 나와
붉은 해를 드는 한낮

낙타는
무릎이 터져
모래알로 흩어진다

# 겨울이 일찍 오는 마을

1. 마지막 달력 한 장

끝장까지 잘 왔구나 들마에 길손 같은
벽걸이 달력 한 장 홑겹처럼 으쓸하여
보일러 첫 불 지피고 들창 열린 널 여민다

2. 기울어진 전봇대

이대로는 안되겠다 궁리 끝에 집을 나선
남루한 철새들이 부리 잃고 돌아온 날
빈 골목 서릿발 딛고 당신 거기 서있었다

3. 폭설 속 눈사람

큰 소리는 없었다 쌓일 대로 쌓였다
저렇게 쏟아 부어 서로들 아팠겠다
딱 한 줄 말줄임표로 숯이 되어 다문 입

4. 된바람 불어

저물녘 골목길로 밥 냄새 내보내신
그 뜨신 호명들은 아직도 맨발일까
참회의 귀를 떼어라 바람소리 살을 엔다

# 수화

벙어리 여자애는 백골로 발견됐다
어란 같은 목소리가 몸 안에 가득했다
제 살을
헤집어서라도
꺼내려고 찾던 소리

이제 막 입술 돋고 꽃심장 팔딱이는
흐느낌 쓸어 모아 바람 앞에 놓아주면
나무도
울음을 꺼내려
제 가지를 뒤틀고

몸 밖으로 쏟아진 한 자루의 비명들
육탈도 끝나버린 성글은 손바닥에
꼭 한 줌,
유언처럼 움켜쥔
몸의 말이 부화한다

# 노란 잠수함

잠망경 높이 올려 나무 밖을 내다본다

아직도 밑동에선 물관을 여는 소리
봄눈이 가지에 앉아 수신호를 보낸다

나이테로 얼어붙는 소용돌이 지나서
멀고 먼 항해였다 우듬지에 닿기까지
내 몸엔 얼음 심장이 두근두근 뛰었다

물내음 맡았을까 부레를 부풀리며
부리 노란 어린 것들 아가미가 열린다

나무의 맨살을 뚫고 떠오르는 꽃 한 척

# 휴머노이드

타임캡슐 뒤적거려 홀로그램 켜는 밤
스모그 휩싸이는 여명의 날 바라본다
한 생이 바코드로 남은 일대기를 읽는다

컨베이어 벨트에서 선조들은 태어났지
오로지 그 한마디 알러뷰 알러뷰만
건전지 다 할 때까지 거듭했던 나의 부족

언제쯤 지웠을까 마음의 작은 떨림
찌릿찌릿 새어 나온 누전의 기억 너머
지금은 불멸의 인간, 고민조차 덧없다

스위치를 꾹 눌러 나는 다시 몸을 끈다
가슴 속 블루스크린 성운처럼 번져갈 뿐
별 돋던 인간의 밤엔 커서들만 깜빡인다

# 헛제삿밥

산 사람 죽은 사람 나눠 먹던 밥이다

날마다 기일 같아
저승 허기 찾아오는

지금은
산 사람끼리도
헛자 붙여 먹는 밥

제삿날 멀리 가는 걸신들 모셔 와서

숟가락 다 돌려도
죄 안 되는 밥이다

그 끼니
미리 받아서
혼자서도 먹는 밥

## 노을 속으로


공중은 새의 감옥
발톱 같은 별이 뜨리

날아간 비닐봉지
풍등처럼 불을 안고
검붉게 부풀어 오른
저 환한 유리옥

새들의 환영일까
붉은 빛 어룽거려
눈동자에 꽃을 심은
이 몸은 나의 적소

오늘은,
그립다는 말이
서쪽 끝에 불을 댄다

# 비의 약전略傳

1
구름이 이마 짚고 뭉게뭉게 생각한다
영마루 넘어서면 그늘 깊은 하늘이라
바람이 누대로 살던 집, 몸을 다시 짓는다

2
개울물 벌써 끓고 구름반죽 아직 질다
홍두깨 우레 없이 맨손으로 꽃잎 치대
연못은 수제비 끓인 솥, 푸른 김이 솟는다

3
언 살에 피가 돌고 숨소리 뜨거워져
빗방울 눈 붉히며 병실 문 열어 둔다
굳은 몸 주무르는 손, 한 마디씩 움튼다

# 독수리를 찾아서

긴 부리 휘어져서 내 목을 파고든다
발톱은 구부러져 발바닥에 박힌다
몸 안에 나를 가둔 채 웅크리는 저물녘

바다가 화염이다 하늘이 절벽이다
언제쯤 날 잊을까 죽음 앞에 무릎 꿇고
깃털만 건져 올리는 천형의 나날들

피투성이 덧니들 새로 돋는 꿈을 꾼다
발톱을 새파랗게 날 세우는 꿈이었다
불면의 긴 울대를 꺾어 내 이름을 부를까

마음의 벼랑으로 내몰아간 몸을 향해
눈물로 날을 벼린 부리를 꺼내 든다
이제는 나를 구하러 나에게 가야한다

## 목간木簡

잉크통에 꽂힌 펜촉, 생각에 잠겨있다
울타리 밖 동구까지 밑그림만 그려진 길
첫눈이 우편배달부 스쿠터를 밀고 온다

소식을 흰 눈으로 보낸 이 누구일까
묶음의 긴긴 편지 맨몸으로 받아쓰며
남몰래 꽃눈을 새겨 혼자 앓는 이맘쯤

모난 곳 어루만져 완곡해진 흰 문장들
받드는 가지 곁엔 그가 보낸 별들일까
갓밝이 펼친 여백에 추신처럼 빛난다

# 우박에 관한 몇 개의 비유

1
인간의 굳게 닫힌 마음을 두드리다가
맨주먹 불끈 쥐고 가슴 쳤을 것이다
제 몸이 번번이 깨어진 유리인 줄 알면서도

2
나는 원래 눈물이라 젖어들기 원했으나
우레나 번개 따윈 내 소관도 아니어서
한바탕 내가 날 두들겨 속엣말 쏟은 거라

3
들끓다가 식는 것도 하늘의 이치라서
불타는 얼음의 말 몸을 깨서 전하는 날
뜨겁게 사라지고 싶다 다음 생은 없는 듯

# 물웅덩이

무심한 발길에도 쨍그랑 깨어지는
유리보다 더 얇은 공중을 품은 여자
더 이상 몸으로 몸을
받아들지 않는다

산 하늘 구름까지 품었던 가슴으로
뭇 발자국 다 받다가 움푹하게 파여 있는
그 깊이 가늠 못하여
나는 발을 헛디딘다

뒷골목 매음굴에 몸을 뉘인 그를 찾아
온전히 진창뿐인 그 바닥 밟고서야
흙탕물 친다는 말씀
발에 젖어 든다

2부
당신이 내 안으로 들어오려 했던 걸까

# 쭉정이

가진 것 모두 잃어

허울뿐인 나에게

빈손의 충만함을 묻는 자여, 나는 언제

울면서 지난 일들을

당신께 고백할까

# 지금은 간신히

바람의 응어리가 구름을 밀고 간다

누구신가
발을 절며
멀어지고 더 멀어져

간신히 나를 빠져나온
슬픔이 나를 본다

눈썹이 떨고 있다
검은 새가 깃을 친다

마음이 바래어서 숨어있기 좋은 몸

지금은
그 안에 들일
네가 없는 저녁이다

# 언덕 위의 십자가


나란히 걷는 일이 철길처럼 외로워서

서로를 가로질러 붉은 성호 그었을까

가만히
양팔 펼쳤던
내 마음의 벼랑 끝

기도는 오래 전에 별빛으로 새겨져서

죄 없는 저녁 무렵 공중을 걸어간다

발등에
향유를 쏟았던
네 안의 검은 언덕

## 어제의 일


사람을 잊는 것도
마음을 닫는 것도

그게 그저
어제라는

세상 밖 시간 같아

오늘은
매일 보는 널
그리웠다 말한다

저녁에 온다던 비
미리 와서 울 때도

나는 자꾸 어제 일을
옷소매에 적셔두고

기운다

한 쪽 어깨가
네 쪽으로 조금씩

# 사랑한다는 말

그땐 누가
분홍의
병마개를 땄을까

나는 붉고
드높고
나는 크고
드센 놈

어쩌다 빛깔을 얻어 사라지게 되었을까

꽉, 깨문
맹세와
펑, 터뜨린
풍선말

누가 여기 축포처럼 쏘아올린 공중에서

나는 또
형체도 없이
당신을 놓쳤을까

## 마지막 눈송이가

당신이 내 안으로 들어오려 했던 걸까
이마를 부딪치는 창밖의 눈송이들
오래 전 닫아둔 마음 사방천지 금이 간다

소름을 쓸어내도 떨칠 수는 없었구나
눈썹 끝에 떨고 있는 보풀 같은 기억들
다시는 추운 겨울로 돌아가지 않으런다

몸 없이도 아픈 봄날 떨어져 흔적 없는
소리만 소복소복 유리창에 내려 앉아
벗어 둔 한 벌 허공이 내복처럼 따뜻하다

# 소리도 없이 울겠지만

왜 그런 거 있잖아

어떤 말 참 섧기만 해
귀를 자꾸 먼데로
더 먼데로 보낸 날은
저녁이 골목에 서서 캄캄하게 입을 닫고

밤이슬 써늘하다
옷자락 움켜잡는

왜 그런 날 있잖아

난 없는데 네가 보여
눈시울 소리도 없이 벌겋게 울겠지만

# 석류

저녁은 한 입 가득
등불을 물고 왔다

내 안이 어두웠다 눈을 못 뜬 별빛 같은

고백은
잇몸이 붉은 말,

어금니가 새그럽다

# 드라이플라워

이 미련은, 내 것도 당신 것도 아니라서

유리조각 쏟아진
마음 속 골목 같다

기어이,
바스러지는 소리
다 들으며 가라고

## 골목과 미명이 만나는 시간

사랑이

골목길로 저벅저벅 오다니!

전봇대 긴 그림자

담벼락을 넘는 새벽

불면이

귀를 댄 창문으로

두근두근 오다니!

# 향어

도마 위 칼자국들, 생사의 골이 깊다
당신 앞에 눈감으니 몸 안에 향이 나네
이 마음 감추었다면 덕장에나 걸렸을까

물보다 비리다는 속울음에 몸을 뉘어
생살 아래 고인 숨결 얇게 저며 뜨는 날
천지간 향내 풍기며 당신 혀에 감길까

# 넝쿨장미

장미가 가시 품고 담장을 넘어왔다

캄캄한 울타리 끝
날 세운 사금파리

가슴을
쓰윽 베고 간
피 묻은 편지였다

멍울처럼 맺힌 그 꽃 맨손에 그러쥘 때

불덩어리 만진 듯
손바닥에 박힌 가시

그것도
사랑이어서
온몸에 불이 인다

# 하구에 이르다

당신은 여기 없고
나는 또 거기 없다

발등 부은 물소리 제방에 주저앉아

살얼음 피륙을 짜는
그곳이 피안이듯

알 수 없는 일렁임
미열에 손을 짚고

무릎 터진 물굽이는 타래실로 풀고 싶다

흰 눈이 눈썹에 앉는
늘그막에 나도 가서

## 상강의 이별

이제 막 신열 내린 찬서리 하얀 손은
그대처럼 냉담했다

밤새 떨던 소국화분
꽃망울 저리 맺혔으니
무엇으로 저걸 풀까

검붉은 눈두덩이 뜻을 몰라 쩔쩔매다

이마에 손 얹으니
끓는 피가 식는다

내 귀는 더 붉어지고
입술은 파래지고

# 한통속

통속에 물을 받고
애벌빨래 앉힌 자리
잘못 든 검은 옷을 며칠째 두었을까
닳아서
환한 솔기가
검은 물 머금었다

우리도 곁을 주어
이만큼 살았으니
당신도 이제는 당신이 아니겠다
나조차
내가 아님을
당신 있어 깨닫듯

## 치유

부러진 곳 붙었을까
뼈사진 찍고 온 날

당신이 곁에 있어 늑골이 참 맑았네

마음의 골절 더듬어
뼈소식 전하였다

3부
어디서 흘러왔나 저 써늘한 문장들

# 활

1
얼마나 간절해야 내 몸이 저리 휠까
당신의 깊은 심중, 전율처럼 콕 박힐까

노인은
접골원 앞에
꼬부라져 앉아 있다

마지막 살을 잡듯 지팡이를 움켜쥐는
골목도 막다른 곳 나락 같은 담장 위엔

자벌레
제 몸을 휘어
한 걸음 내 딛는다

2
한때 나는 애기살[1], 이미 떠난 통아[2] 속

살 없는 시위 홀로 모질게 울었던가

깡마른
오늬바람³이
손을 떨며 뼈를 챈다

1. 애기살-화살의 절반 정도 짧은 화살을 대나무를 반으로 쪼갠 2. 통아라는 기구를 이용해 발사하는 활
3. 오늬바람-덜미바람이라고도 하며 사대에서 과녁 방향으로 부는 바람

## 다시 쓰는 헌화가


칡머리 절벽 끝에
헛디딘 발,
걸려있다

허방을 보지 못한
당달봉사 발이다

한세월
꽃만 더듬다
발자국을
다 놓친 발

# 누정의 꽃


그림자 몸을 접어
마루 아래 숨어들 때
누구나 드나들고 아무도 살지 않는
명옥헌
배롱나무 숲을
맨발로 걸어간다

괴괴한 여름 한 낮
우듬지에 불이 인다
세상이 화근일까 끄지 못한 전언들
못물에
그림자 끌며
댓돌 위로 올라서면

무시로 쓸어 담고
끝내는 읽지 않는
반정의 소식들이 발등에 수북하여

빛바랜
편액 안에서
붉은 심장 두근댄다

## 읍성에서 한 시절


백발의 억새장군 성벽을 오르신다
허공만 쓱쓱 베는, 초로의 칼잡이들
햇살이 낭떠러지에 가까스로 매달린 곳

소리쟁이 젊은 것들 일찌감치 퇴각하고
복면한 도꼬마리 내성까지 숨어들면
망루엔 바람에 찢긴 시간이 펄럭인다

마음 속 흉곽들도 깨진 돌 괴인 걸까
한 순간 무너질 일, 넝쿨에 휘감길 일
해묵은 근심을 쌓고 이끼처럼 늙는지

지칭개 촛불들이 천지에 피고 졌다
조뱅이 무리들도 목이 쉬게 붉었지만
내 한뉘 돌로 쌓아둔 외곽들만 드높다

# 면암을 읽는 밤

어디서 흘러왔나 저 써늘한 문장들
얼음장 밑 물소리 이를 무는 치운 섣달
계절은 잠든 붓 깨워 눈보라로 일어선다

울음조차 굳어 버린 내 시의 행간에는
발목 빠진 침묵들만 흰 뼈를 두드릴까
써늘히 뒷목을 잡고 뜬 눈으로 지새운 밤

몸을 떨며 장을 넘긴 선생의 지부상소
곡기 끊은 조선 선비 옷고름 고쳐 맬 땐
날이 선 도끼 한 자루 옆구리를 스쳤다

# 흰 꽃, 몌별袂別[1]


당신은 누구라서
색 없이 몸을 섞나
솔기 터진 소매 끝에 보풀처럼 소복한 꽃
꿈인가
이마를 짚자
미열이 또 일었다

놓칠 수가 없는 생
한 울음 끊어질 듯
훗승이여 괜찮다 타고난 몸 붉다 해도
그 심장 가슴에 묻고
흰 손 저리 흔들거니

꽃 다비 끝난 계절
행여 다시 놓칠세라
동살에 흰 불 이는 상고대 가지 꺾어
이승은

당신 붙드느라
색을 다, 놓친다









1. 메별(袂別) - 소매를 잡고 헤어진다는 뜻으로, 섭섭히 헤어짐을 이르는 말.

# 늙은 뱀

1

높은 곳에 더 이상 기어오를 생각 없다 수족을 거느리며 일어설 생각 없다 내 몸에 흐르는 피가 꼭 한번 뜨거워지길……

2

내 말은 믿지 마라 혀를 쪼갠 종족이다 머리에서 꼬리까지 나를 밀고 내가 갈 뿐 맹독이 어금니에 고여 고백마저 극악하다

3

퇴역을 앞에 두니 없는 오금 저려온다 지붕이 푸른 것은 밀림이 거기란 것 더러운 허물을 벗고도 끝내 나는 뱀이다

# 절필
– 한라산 구상나무에 바침

끝끝내 저 나무는 색에 들지 않는다
바람에 끝을 벼린 바늘잎 세필로는
격문은 쓰지 않겠다 붓을 꺾은 고사목

뼈를 깎는 뉘우침이 골각체를 만든다
산세가 험할수록 더 쩡쩡한 산울림이
오히려 필화가 되어 눈 퍼붓는 한라산

세상에 맞서려면 저렇게 간결하라
살점은 다 버리고 흰 뼈만 내리 꽂은
저 뼛센 반골의 획이 가슴팍에 박힌다

# 마당을 쓸다
– 추사 적거지에서

시누대 마당비를 독필처럼 움켜쥐면
손가락 깨물어 쓸 필생의 결구 하나
세한의 저 소나무가 신열처럼 뜨겁다

군말을 뽑아내고 수사도 쓸어내어
백지로 드러나는 저작의 흙마당에
몽당비 돌부리 밀듯 턱턱 차는 숨소리

억새풀 서걱대는 비백 같은 울타리 밖
갈필의 바람소리 온 몸에 필사할 즈음
마당가 붉은 동백꽃 낙관처럼 찍힌다

# 시, 제련製鍊


– 단조(鍛造)

실가지 두들겨서
꽃잎 얇게 펴낸 봄날

우물 속 푸른 김이
쇳소리 뿜어내면

혀끝에
붉게 달군 말
모루 위에 내리친다


– 주조(鑄造)

칼날을 혀로 핥아
입안에 고인 핏물

뜨거워 뱉어버릴
혓바닥 퍼덕이듯

내 울음
목울대 가득
쇳물처럼 들끓겠다

# 월동, 가천체로 쓰다


된바람 맵차더니 서리 끝에 폭설이다
홀쭉한 가마니엔 묵은내나 드나들 뿐
가난은 쓸고 닦아도 뒤주까지 들이친다

다람쥐 뺨 주머니 도토리 동이 나고
씨눈까지 내다 파는 나무들의 긴긴 행렬
먼발치 아지랑이들 행려병 도졌을까

처마 끝 고드름을 밀거래로 틀까 해도
늦게는 입춘까지 연두 엽전 한 푼 없다
잔설이 괴나리봇짐을 산허리에 동여맨다

억새풀 붓 삼아서 묵매 치는 그늘 너머
죽은 이도 불렀는가 흙무덤 열린 곳
깎아서 버린 손톱이 가지마다 발갛다

## 겨울, 산가서山家序


너덜겅 한 기슭이 흰 뼈를 드러내면
솔가리 끌어 모아 남은 볕에 불 당긴다
한나절 석쇠에 눕혀 너와를 굽는 산막

누렇게 바래가는 서책들 곁에 두고
비탈길 굽이굽이 인기척 끊어낼 때
흰 소가 비계질하듯 눈구름이 꿈틀댄다

바람이 이를 떨다 문을 미는 저녁 무렵
고드름 솥에 안쳐 얼음 밥 지었을까
산마루 흰 눈발들이 까마귀처럼 울어댄다

# 독거에 들다

누구의 기척인가
단 한 번의 풍경소리

떨림은,
홀로된 이의
뿌리 없는
전율들

불빛이
흡, 숨이 멎어
천장에 붙는다

어둑한 내 몸에는
써늘한 칼이 들고

천 개의 물음들이 한 신음에 터질 듯

고독은
혀를 구부려
입천장에 붙는다

## 느티나무집

이파리만 움켜잡은 칠십 년이 덩그렇다

링거 줄에 매달려서 말라버린 느티나무

그 분을
밑동만 남기고 아궁이가 거두었다

입 안이 소태 같다
재를 뱉는 굴뚝 곁에

헤진 그늘 다시 덧대 양철지붕 기워내면

빈자리 무릎에 배겨
신음소리 우뚝 섰다

## 싸리나무 약사略史


나는 왜 하필이면 채반이 되었는가
뽑아 널 푸성귀도 한 줌 없는 옛집 마당
헛간에 거미줄처럼 헐렁하게 걸리는가
종아리 살짝 걷고 눈 질금 감던 시절
싸리매가 되었는가 매몰찬 매가 되어
쓸쓸한 사람의 가슴을 치는가 때리는가
멸문의 기둥이며 문설주도 아닌 생애
뜨거운 장작불로 타오를 수 없는가
뼈아픈 몽둥이로도 엎어질 수 없는가
기어이 그날의 횃불 같은 꽃망울은
툭 터지지 않는가 불붙지도 않는가
몽당비 다발로 묶어야 세상 쓸어 보는가

4부
생각이 한소끔 끓어 묵울대가 뜨끈하다

# 쇠뿔

뿔은 언제
뿔이 솟나

이랴, 이랴, 워, 워,

몸이 전부
의성어인 아버지는
소였다

그 둥근,
눈을 껌벅이며
무릎이 툭 꺾일 때

보았다
뿔은 비로소
날 향했다

나는
늙은 소의 텅 빈 하늘이었다

가슴엔
쇠뿔도 없이
울음만 쿡 박히는

## 혼백처럼 눈발이

밥 벌러 서울 안산 땅속 길 드나들 때
보온밥통 노란불 켜 지켜냈던 뜨신 밥을
영정 속
늙은네 북받쳐
찬물 말아 내 놓았다

눈발은 희끗희끗 귀밑으로 날아들고
무명옷 아버지와 겸상하듯 쓸쓸하여
한 숟갈
고수레한 밥
온 마당이 새하얗다

# 국수를 기다리다

가마솥 불을 때는 국수집 한 구석에
할배와 어린 손자 나란히 앉아 있다

둘 사이 번지는 김이 애잔하다 그지없다

제삿날 너무 멀어 아버지는 못 오실까
벽보고 마주앉은 기다림도 아늑하여
마음이 연한 국숫발로 푸르륵 살아난다

끓어서도 못 삼킨 날숨 같은 유음 한 줄
몸으로 칼을 받는 국수처럼 뜨거웠지

생각이 한소끔 끓어 목울대가 뜨끈하다

## 심야버스를 타는 하루살이


하루가 어딜갔지? 내가 날 깨닫기 전
날개는 천근만근 이대로 끝나겠지
전조등 흐린 불빛에 벼랑처럼 매달린 날

죽어도 모를 거야 우리는 너무 작아
언제나 빈 의자엔 부나방들 활개치고
불러 줄 이름도 없이, 어이 거기 인턴들!

가까스로 올라타는 마지막 퇴근 행렬
일생이란 오직 하루 먼지처럼 가볍다는
목숨이 한 호흡도 짧게 탔다가 내려서지

## 0시의 편의점

다 쓴 몸 버렸을까 그림자들 뿐이다
컵라면 뚜껑 위에 젖은 손 포갠 알바
졸음도 죽음마저도 참을 만한 무표정

마음만 들끓다가 불어터진 면발처럼
불면에 몽유하듯 골목길 돌아설 때
입간판 등을 두드려 빛덩어리 토해준다

산다는 게 무덤이지 진열장에 하나 남은
삼각김밥 피라밋 속 미라 같은 밥알들
허기가 몸 밖을 나와 좀비처럼 걷는 길

# 화분을 갈며

무덤 같은 지하셋방 세간을 들어낸 날
안간힘 뿌리 뻗어 안으로만 휘감겼던
남루의 소용돌이가 탈탈 틀려 뽑혀있다

진흙처럼 엉겨 붙는 빚 독촉 드잡이에
몸서리 털어내며 마른 잎 피워낼 때
실뿌리 꼭 끌어안고 등짝에 금 간 화분

손아귀 힘이 풀려 날품마저 놓쳤을까
색이며 문양 없는 밋밋한 몸 분盆 곁에
구근을 다 꺼내들고 식솔들도 뒤엉켰다

# 집에 대하여

1. 햄스터

오도 가도 못했겠다
쳇바퀴만 돌던 생애

새끼를 물어 죽인 어미마저 절명할 때

삶이란 이런 무게다
집 한 채로 짓누르는

2. 소라껍질 속 주꾸미

파도소리 몸에 담아
당신 귀에 쏟아 붓고
윤슬이 남실대던 호롱 안에 차린 신접

집은 또

산목숨 잡는
한 채의 통발일 뿐

3. 연탄 한 장

동장군 들이닥쳐 방구석이 처참했다

억장이 무너졌다
얼어터진 자리끼 앞

타다 만
연탄 한 장이
유족처럼 남았다

## 다시 쓰는 도하가

마을버스 언제 오나
길은 다시 출렁이고
식구들 입이 먼저 일터로 향하는데
의자에 나뭇잎 한 장
공후처럼 앉았다

아이 업은 아내는 고삐가 매여 있고 막일로 돈 벌러 갈
인력시장 사내들은 오늘도 허우적대며 어디로든 건너간다

반 지하 들창 너머
기웃대던 길고양이
허기를 퉁겨내듯 바짝 마른 젖을 켜면
계단이 바닥을 밟고
반음계로 떠오른다

# 냉장고 문짝에 노란색 포스트잇

간이며 쓸개, 팔딱거리는 심장
잘 얼려 두고 가요
배고플 때 드세요
말랑한
혀조차 굳는
어둑한
생의 저녁

일생을 여닫고도
캄캄했던
너의 안쪽
무엇을 찾기도 전
마주친 써늘한
당신이
차려 놓고 간
사무치는
시 한 편

# 칸나

식도로 되넘어 온 시뻘건 각혈 같은

꾸역꾸역 삼켜보려 혀를 말아 꾹 눌러둔

아버지
배 밖으로 나온
붉은 간 한 덩어리

팔월 염천 끓는 솥에 소금까지 한 줌 치고

핏덩이 뚝뚝 떠 낸 뜨거운 선짓국에

숟가락 푹 박아 뜨자
벌겋게 뜨는 울음

# 포니를 타고 가다

부러진 삼각대를 입춘 근처 세워두고
고장 난 벚나무에 나사 풀고 기름 친다
나무를 시동 거는지 훅 끼치는 꽃냄새

털털대는 중고차로 얼마나 내달렸나
보닛은 열어두고 비상등을 켜둔 나이
중년이 비스듬하게 그림자로 기운다

올 것은 늦더라도 언젠가 오겠지만
흙먼지 자욱하게 견인차 달려온 날
주름살 골이 깊어도 봄은 그예 건너올까

어느 새 부릉부릉 개울물이 내달리고
헐겁게 조인 몸은 또 얼마나 견뎌낼까
늦었다 마음만 부산한 엔진소리 요란하다

# 발굴

다시 온 이승이여

나는 그저
유골이다

길 잃은 발자국들 허공을 떠도는지

돌아갈
이름도 없이
살을 지운 시간들

일련번호 목에 걸고
뼈를 꺼내
딸각일 때

노래를 찾으러 온 풍금 속 어둠 같은

바람이
휜 줄에 걸려
오금을 꾹 접는다

# 로드 킬

검은 봉지 비린내를 나비타이 묶어 놓고
그림자로 엎드린다 불빛 없는 밤의 길목
뭉개진
제 몸을 나와
물러서는 길고양이

밥 구하러 건너갔을 낮고 낮은 포복들
뱃가죽과 등가죽이 납작 붙는 허기 넘어
기필코
가지 않아도
그는 이미 길이다

# 휘발유

한 순간 그는 없다
소지하듯 올려졌다

　주먹자랑 끝이 없던 그는 자칭 휘발유, 도끼머리 휑하고 볼기짝 툭 불거진, 다리 하나 뚝 떼어 준 80만원 비정규직, 두 아이의 아비이자 한 여자의 지아비, 남들이 다 가진 걸 그는 또 잃었으니, 바지 한쪽 납작하게 바람에 펄럭이다, 그 바지 끝 화르르 허리춤에 엉겨들 때

휘발유!
저 별명을 또 누군가가 불렀다

## 물가에 놓인 신발

물끄러미
앉아 있네
봄날이 저물었네

세월은 발 없이도
여기까지 걸어와서

밑창이
다 닳아빠진
그림자를 놓고 갔네

세상에 없는 이름
하염없이
늙고 있네

언제쯤 발을 품어
걷고 또 걸어 볼까

발소리
자꾸만 자라
맨발이 퉁퉁 붓네

## 낙화유수

당신 떠나 꽃 지면 마음마저 무너질까
아파트 창밖으로 눈길조차 거둔 봄날
마음 귀 열린 곳으로
자박자박 걷는 소리

빈 수레 끌고 미는 구부정한 노부부
나를 꽃구경하듯 나를 불구경하듯
걸음이 하늘로 둥둥
꽃잎처럼 흘러간다

| 해설 |

# 존재론적 심층의 언어가 그려간 완미한 정형 미학

이토록의 시조 세계

**유성호**(문학평론가, 한양대학교 국문과 교수)

| 해설 |

# 존재론적 심층의 언어가 그려간 완미한 정형 미학

이토록의 시조 세계

**유성호**(문학평론가, 한양대학교 국문과 교수)

**1. 일상의 페이소스와 현실적 중압을 포괄하는 직핍의 사유**

이토록의 첫 시조집 『흰 꽃, 메별』(작가, 2020)은, 우리 시조단의 새로운 창신創新을 제안하는 적극적 참조항이자 매우 개성적 목소리를 담은 주목할 만한 미학적 성과이다. 그의 시조는 견고한 정형 율격에 다양한 현대성을 도입해야 하는 현대시조의 형식적, 내용적 요청에 최대한 부응하는 정서적 모더니티의 한 정점을 보여준다. 가령 그는 양식적 변형을 통해 형태를 일정하게 바꾸어가기보다는, 시조의 시조다움을 묵수하면서 시조 미학의 내용적 확장성을 시도해간다. 이러한 정형 미학의 고갱이를 첨예한 형식적 절제 의지로 표현해간 그의 시조집은 그 점에서 우리 시조가 맞닥뜨리고 있는 과제들에 대한 정공법적 답변이 될 수 있을 것이라고 할 수 있다. 그만큼 그의 언어는 그동안 현대시조가 의존해왔던 부드럽고 안정적인 화해 지향의 에토스를 넘어, 일상의 페이소스와 현실적 중압을 포괄하는 직핍直逼의 사유를 훤칠하게 보여준다. 나아가 일견 완미하고 일견 거침없는 언어와 형상을 통해 가장 낮아진 시선으로 세계의 심층을 들여다본다. 그가 시조단의 신인이라는 것을 잠시 잊게 할 정도이다. 이 글에서는 그가 존재론적 심층의 언어로 그려간 완미한 정형 미학의 세계를 몇 갈래로 나누어 검토해보도록 하자.

## 2. 처연한 결기에 가까운 깊이 모를 아득함

시조를 포함한 서정시는 인간의 존재론적 근원에 대한 성찰을 지속적으로 수행해가는 양식적 본령을 거느린다. 그 방법으로는 최대한 다듬어진 응축의 언어로 어떤 기원起源을 유추해가는 질문과 사색의 작업이 뒤따르게 마련이다. 그런가 하면 서정시는 시간의 흐름을 경험하고 기억해가는 양상과 그에 대한 심미적 초월을 소망한다는 점에서도 미학적 일관성을 보이게 된다. 이토록의 시조는 이러한 '기원' 추구와 '시간' 탐색의 과정을 일관된 서정의 원리에 의해 펼쳐간다. 그렇게 시인은 자신의 시조에 사물의 세목을 재현하고 그 안에서 삶의 시간성을 덧입혀 가장 근원적인 삶의 이법理法을 노래해간다. 그 안에 들어 있는 정서는 처연한 결기에 가까운 깊이 모를 아득함이다. 다음 작품을 먼저 읽어보도록 하자.

꽁꽁 언 저수지에 새 한 마리 박혀 있다

세상을 빠져나갈 출구인 줄 알았을까
저 새는
깨진 부리로 비명에 쩡, 금을 냈다

둑방길 억새들도 머리채 잡혀 떨고
목숨을 헹구어 낼 커다란 대야 하나

흰 눈이 회오리치며 찬 주검을 덮는다

계절이 막다른 곳 허공에 빗장 걸듯
한사코 막아서는 이 악문 표지 아래

한 줌인 새의 무게가 그 깊이를 더했다

―「깊이를 더하다」 전문

일차적으로 이 작품의 문맥은 결빙된 겨울 저수지에 부리를 박고 죽은 "새 한 마리"에 대한 관찰의 결과이다. 그곳이 출구였을 리는 없었겠지만, 새는 부리를 깨뜨리면서 자신의 비명에 금을 내는 순간을 맞았을 것이다. 둑방길 억새들도 떨고 있고 "커다란 대야"처럼 놓인 저수지에 흰 눈이 새의 주검을 덮는다. 그 "계절이 막다른" 허공에 한 줌 새의 무게가 깊이를 더하는 장면이야말로 가장 정적靜的인 계절 한복판에 가장 깊고 처연한 시인의 마음이 투사投射된 결과일 것이다. 그것은 세상의 바깥으로 나가려다가 그것이 좌절되면서 비롯된 새의 결기이기도 할 것이지만, 깊이 모를 아득함으로 더해오는 시인 자신의 실존적 전율의 순간이기도 할 것이다. 이러한 감각의 전율은 "딱 한 줄 말줄임표로 숯이 되어 다문 입"(「겨울이 일찍 오는 마을」)이나 "나무의 맨살을 뚫고 떠오르는 꽃 한 척"(「노란 잠수함」)처럼 견고한 고요함으로 일렁이는 처연한 존재자들을 선명하게 환기한다. 다음은 어떠한가.

    뿔은 언제
    뿔이 솟나

    이랴, 이랴, 워, 워,

몸이 전부
의성어인 아버지는
소였다

그 둥근,
눈을 껌벅이며
무릎이 툭 꺾일 때

보았다
뿔은 비로소
날 향했다

나는
늙은 소의 텅 빈 하늘이었다

가슴엔
쇠뿔도 없이
울음만 쿡 박히는

— 「쇠뿔」 전문

"이랴, 이랴, 워, 워," 하는 의성어가 몸의 전부이던 '아버지'는 언제나 소처럼 일하셨고 소처럼 "둥근,/눈을 껌벅이며/무릎이 툭 꺾일" 순간을 맞으셨다. 그때 쇠뿔은 비로소 '나'로 하여금 "늙은 소의 텅 빈 하늘"이 되게끔 해주었다. 그것은 언제 돋아나서 '나'의 가슴에 "울음만 쿡 박히는" 순간을 준 것이다. 이때 아버지의 그렁그렁한 '눈'과 꺾인 '무릎' 그리고 늙어버린 '울음'은 처연한 삶의 노동과 함께 사라져간 어떤 결기를 미적 외경畏敬으로 바라보게끔 해준다. "바람이 누대로 살던 집"(「비의 약전略傳」)을 오랫동안 지키면서 온몸으로 흙과 바람의 계절을 쌓아온 '아버지'의 생애는 그렇게 "나의 적소"(「노을 속으로」)가 되었을지도 모를 일이다.

이처럼 이토록 시인은 구체적 감관感官을 통해 '새 한 마리'와 '아버지'가 치러갔던 단호하고 거칠었던 생애를 톺아 올린다. 내면과 세계를 매개하는 언어를 통해 시간의 흐름에 놓인 사물을 표현하는 것이 서정시이니만큼, 우리는 이토록의 시조에서 절제된 언어와 광활한 시간이 결속되는 순간을 목도하게 된다. 서정시는 그만큼 어떤 예술보다도 시간과 친화력을 가지며 시간 경험을 새롭게 부여해가는데, 이토록의 시조는 시간이라는 물리적 형식 안에 갇힌 채 낡고 사라져가는 숭고한 목숨들에 대해 가없는 존재론적 깊이를 부여하고 있는 것이다. 시간의 흐름 속에 놓여 있는 모든 존재자들을 보살피고 안아들이는 그의 품이 넓고 깊기만 하다.

## 3. 사랑과 이별의 제의를 통한 항존의 상관물

다음으로 우리가 이토록의 시조에서 발견하는 아름다운 언어적 권역은 2인칭을 향한 사랑의 마음에 있다. 자신의 존재론적 기원 안에 웅크리고 있는 애틋한 기억을 찾아 나서면서 시인은 지금의 자신을 가능하게 했던 지점을 인생론적 성찰의 현장으로 옮겨간다. 그러한 과정을 통해 남다른 기억의 깊이를 탐색하고, 우리의 삶이 결국 시간의 흐름 위에 놓여 있음을 지속적으로 노래해간다. 기억 속에 녹아 있는 2인칭의 존재가 깊은 기억의 뿌리이자 지나온 시간을 거슬러오를 수 있는 직접적인 대상임을 온몸으로 피력하는 것이다. 이때 시간을 역류하는 '기억'이란, 과거를 단순하게 재현하는 것이 아니라 지난 시간을 원초적 경험의 형식으로 바꾸고 동시에 그것을 현재의 삶과 연루시키는 적극적인 행위가 된다.

당신이 내 안으로 들어오려 했던 걸까
이마를 부딪치는 창밖의 눈송이들
오래 전 닫아둔 마음 사방천지 금이 간다

소름을 쓸어내도 떨칠 수는 없었구나

눈썹 끝에 떨고 있는 보풀 같은 기억들
다시는 추운 겨울로 돌아가지 않으련다

몸 없이도 아팠을까 떨어져 흔적 없는
소리만 소복소복 유리창에 내려 앉아
벗어 둔 한 벌 허공이 내복처럼 따뜻하다

─「마지막 눈송이가」 전문

 '당신'은 눈송이처럼 이마를 부딪치며 '나'의 안으로 들어오려고 한다. '창窓'이라는 차폐물이 그 열망을 가로막고 있지만, "오래 전 닫아둔 마음"이 금 가는 순간, 사랑의 열망은 "눈썹 끝에 떨고 있는 보풀 같은 기억"을 선명하게 되살려준다. 떨어져 흔적도 없는 '마지막 눈송이'는 그렇게 "소리만 소복소복 유리창"에 남긴 채 허공을 떠돌 뿐이다. 이때 시인이 불러보는 '당신'은 "눈감으니 몸 안에 향이"(「향어」) 나거나 "발등에/향유를 쏟았던/네 안의 검은 언덕"(「언덕 위의 십자가」)처럼 온몸으로 맞아들이려는 절실한 대상으로 몸을 바꾼다. 그러나 시인은 사랑의 불가능성만 확인하게 되고, 온기처럼 남은 기억을 통해 사랑의 흔적을 환하게 밟아갈 뿐이다. 따뜻하고 흔적 없는 기억들이 그 사랑을 한없이 돋을새김하고 있는 것이다.

당신은 누구라서
색 없이 몸을 섞나
솔기 터진 소매 끝에 보풀처럼 소복한 꽃
꿈인가
이마를 짚자
미열이 또 일었다

놓칠 수가 없는 생
한 울음 끊어질 듯
훗승이여 괜찮다 타고난 몸 붉다 해도
그 심장 가슴에 묻고
흰 손 저리 흔들거니

꽃 다비 끝난 계절
행여 다시 놓칠세라
동살에 흰 불 이는 상고대 가지 꺾어
이승은
당신 붙드느라
색을 다, 놓친다

—「흰 꽃, 몌별袂別」 전문

이제 시인은 소중한 2인칭과 메별을 한다. '메별袂別'이란 소매를 잡고 헤어진다는 뜻으로 지극한 서운함을 담고 있는 말이다. 이번 시조집의 표제작이기도 한 이 작품은 "솔기 터진 소매 끝에 보풀처럼 소복한" 흰 꽃으로 상정된 '당신'을 향해 '꿈'과 '미열'과 '울음'을 부여해간다. 물론 "한 울음 끊어질 듯" 심장을 가슴에 묻고 손 흔드는 모습을 통해 시인은 이승과 훗승을 넘나들며 '당신'을 붙드느라 색을 다 놓쳐버린 상실감을 토로한다. 그러한 메별 제의祭儀는 "한세월/꽃만 더듬다/발자국을/다 놓친 발"(「다시 쓰는 헌화가」)처럼 안타까움과 아름다움을 동시에 포괄하는 순간일 것이다. "어쩌다 빛깔을 얻어 사라지게 되었을"(「사랑한다는 말」) 순간들에 대한 지극한 애착과 그럼에도 심장을 가슴에 묻고 손을 흔드는 '애착 너머의 사랑'이 읽는 이들의 가슴을 울린다. 이처럼 시인은 사랑과 이별의 대상에 대한 아름다운 기억을 보여주면서 그 기억의 과정이 곧 삶의 은유임을 설파해간다. 다시 말해 우리는 시인의 목소리를 통해 2인칭에 대한 섬세하고 아름다운 기억과 이별의 심미성을 경험하게 되고, 시인은 사랑과 이별을 삶에 대한 해석의 상관물로 원용하면서 2인칭으로 하여금 관조의 대상이 아니라 시인의 삶에 항구적으로 연루되는 항존恒存의 상관물로 존재하게끔 하고 있는 것이다.

### 4. 동시대의 타자를 향한 지극한 관찰과 연민

그런가 하면 이토록의 시선은 동시대의 타자他者를 향한다. 원래 서정적 발화는 개별 발화로서 근본적으로 독백적 성격의 것이다. 그래서 많은 경우 서정시는 시인 자신이 살아온 시간들을 되새기고 나아가 그 시간에 절대치에 가까운 의미를 부여하는 특성을 배타적으로 지닌다. 시간이 남긴 흔적이야말로 시인 자신의 삶을 암시하는 형식일 것이고 서정시를 이루어가는 중요한 내질內質이 되는 것이다. 하지만 한 차원 높여 생각해보면 우리는 서정시가 내면을 넘어 현실을 향하게 된다는 것을 알게 된다. 말하자면 서정시는 시인의 기억에 기초한 시간예술이지만, 그 시간 속에서 만나고 사랑한 수많은 타자들의 삶을 개입시키면서 확장해가는 것이다. 그때 시인은 자신이 살아온 시간에 대한 반성적 사유를 통해 타자의 목소리로 타자의 삶을 노래한다. 공공적 기억에 의해 타자들을 불러들이는 품에 의해 이토록 시인이 현상하는 시조 미학은 한 뼘 더 커진 서정의 원리를 견지하게 되는 것이다.

> 마을버스 언제 오나
> 길은 다시 출렁이고
> 식구들 입이 먼저 일터로 향하는데
> 의자에 나뭇잎 한 장

공후처럼 앉았다

아이 업은 아내는 고삐가 매여 있고 막일로 돈 벌러 갈 인력시장 사내들은 오늘도 허우적대며 어디로든 건너간다

반지하 들창 너머
기웃대던 길고양이
허기를 퉁겨내듯 바짝 마른 젖을 켜면
계단이 바닥을 밟고
반음계로 떠오른다

─「다시 쓰는 도하가」 전문

대표적 상대上代가요 「공무도하가公無渡河歌」와 상호텍스트성을 형성하고 있는 이 작품은, 마을버스가 "나뭇잎 한 장"을 공후箜篌 삼아 '길=물'을 건너는 장면을 상상하고 있다. "식구들 입이 먼저 일터로 향하는" 현실에서 시인은 "아이 업은 아내"와 "막일로 돈 벌러 갈 인력시장 사내들"의 형상을 통해 타자들이 맞는 생활의 허기를 시조 안쪽으로 불러들인다. 어디로든 건너가야 하는 이 '도하渡河'의 순간은 "반지하 들창 너머/기웃대던 길고양이"에 이르러 "바

짝 마른 젖"과 함께 "반음계로 떠오른" 척박한 순간을 잡아
내고 있다. 그렇게 시인이 '다시 쓰는 도하가'는 이 시대의
외곽성과 주변성을 증언하면서 동시대의 약소자弱小者를
향한 지극한 관찰과 연민을 보여준다. 그리고 그것은 "종
소리도 닿지 않는 불 꺼진 첨탑 아래/남몰래 아이를 지운/
마리아"(「플라스틱 트리」)나 "몸 밖으로 쏟아진 한 자루의
비명들"(「수화」)로 이어져간다. 다음은 어떠한가.

 물끄러미
 앉아 있네
 봄날이 저물었네

 세월은 발 없이도
 여기까지 걸어와서

 밑창이
 다 닳아빠진
 그림자를 놓고 갔네

 세상에 없는 이름
 하염없이
 늙고 있네

언제쯤 발을 품어
걷고 또 걸어 볼까

발소리
자꾸만 자라
맨발이 퉁퉁 붓네

―「물가에 놓인 신발」 전문

　물가에 단정하게 신발을 벗고 맨발이 된 사람은 어떻게 "밑창이/다 닳아빠진/그림자"를 놓은 채 "세상에 없는 이름"이 되어 그만의 도하渡河를 수행했을까. 저문 봄날 물끄러미 앉아 시인은 발 없이도 여기까지 걸어온 세월을 생각해본다. 하염없이 늙어갈 그 이름은 "언제쯤 발을 품어" 걸어갈 수 있게 될까. 그러나 환청처럼 들려오는 "발소리"는 자꾸만 커져 맨발을 붓게 할 뿐이다. 이처럼 물가에 놓인 누군가의 부재는 "햇살이 낭떠러지에 가까스로 매달린"(「읍성에서 한 시절」) 것처럼 아스라한 비애의 정서를 우리에게 전해준다. 예리하고 부드러운 언어의 교호를 통해 이토록 시인은 이렇게 텅 비어 부재하는 시간과 충만하게 남은 시간의 흔적을 비대칭적으로 결합하는 미적 역량을 우리에게 보여주고 있는 것이다.

간이며 쓸개, 팔딱거리는 심장
잘 얼려 두고 가요
배고플 때 드세요
말랑한
혀조차 굳는
어둑한
생의 저녁

일생을 여닫고도
캄캄했던
너의 안쪽
무엇을 찾기도 전
마주친 써늘한
당신이
차려 놓고 간
사무치는
시 한 편

―「냉장고 문짝에 노란색 포스트잇」 전문

 냉장고 문에 붙은 "노란색 포스트잇"은 누군가의 부재와 그럼에도 "간이며 쓸개, 팔딱거리는 심장/잘 얼려 두고"

간 그의 존재를 동시에 증언한다. 배고플 때 드시라는 전언은 그 자체로 "말랑한/혀조차 굳는/어둑한/생의 저녁"을 환기하지만, 시인은 일생을 여닫고도 캄캄했던 '너'의 안쪽에서 "당신이/차려 놓고 간/사무치는/시 한 편"을 읽는다. "가난은 쓸고 닦아도"(「월동, 가천체로 쓰다」) 지워지지 않지만 숱한 "시절의 통점"(「맹인 안마사」)을 사랑의 힘으로 건너는 그들만의 도하渡河가 눈물겹게 그려진 아름다운 작품이다.

이렇듯 시인이 공들여 구상화하고 있는 음역音域은 세상에서 살아가는 구체적 존재자들의 삶의 양상에 대한 섬세한 인식과 표현에서 발원한다. 그는 시조를 통해 한 시대의 심부深部를 되돌아보는 성찰의 어법을 꾀하면서, 오랜 흔들림 끝에 가닿는 정신적 공감과 정서적 연대의 가능성을 스스럼없이 보여준다. 이처럼 동시대의 타자들을 관찰하고 그들을 연민하는 이토록 시인의 시선과 목소리는 우리 시조의 외관을 넓히는 중요한 성취라고 할 수 있을 것이다.

## 5. 시조에 대한 아름답고 깊은 잠언과 자의식

마지막으로 우리는 이토록의 첫 시조집에서 '시조'에 대한 아름답고 깊은 잠언箴言과 자의식을 내밀하게 만나게 된다. 시인은 이러한 장르적 메타 의식을 통해 자연스럽게 압축과 긴장의 미학을 옹호하는 쪽으로 나아간다. 물론 압축과 긴장의 미학은 서사나 정서가 들어차 있던 곳을 일정하게 비워냄으로써 가능한 것이다. 따라서 그의 시조를 읽는 이들은 그 비워진 터에 자신의 경험과 기억을 이입하여 행간에 숨은 것을 재구성해야 한다. 그 점에서 그의 시조는 의미를 설명하지 않고 의미를 함축하는 쪽에 서 있다. 세계 내적 존재로서 가지는 복합적 삶의 마디를 세세하게 언어화하지 않고 압축과 긴장을 통해 집중성과 상상적 참여의 기능을 강화시키고 있다. 그만큼 그에게 '시조'란 맞춤한 개성적 틀이자 언어적 현장이 되어주고 있는 것이다.

어디서 흘러왔나 저 써늘한 문장들
얼음장 밑 물소리 이를 무는 치운 섣달
계절은 잠든 붓 깨워 눈보라로 일어선다

울음조차 굳어 버린 내 시의 행간에는
발목 빠진 침묵들만 흰 뼈를 두드릴까
써늘히 뒷목을 잡고 뜬 눈으로 지새운 밤

몸을 떨며 장을 넘긴 선생의 지부상소
곡기 끊은 조선 선비 옷고름 고쳐 맬 땐
날이 선 도끼 한 자루 옆구리를 스쳤다

—「면암을 읽는 밤」 전문

　두루 알다시피 '면암勉庵'은 최익현의 호다. 그분은 대한제국 때 을사조약의 무효를 국내외에 선포하고 국권 회복에 힘쓴 분으로서, 단발령에 반대하고 의병을 모았으나 결국 대마도로 유배되었고 그곳에서 순국하였다. 시인은 그분의 "써늘한 문장"을 읽으면서 "얼음장 밑 물소리"와 함께 섣달 눈보라가 "잠든 붓"을 깨우는 순간을 상상해본다. 정작 자신의 작품은 울음도 굳어버리고 "발목 빠진 침묵들"만이 흰 뼈를 두드리고 있을 뿐인데, 그분이 올린 '지부상소'는 지금도 낯선 도끼처럼 자신의 옆구리를 스치며 서늘한 충격과 깨달음을 준 것이다. 이때 '지부상소持斧上疏'는 '시인 이토록'의 궁극적 자기실현을 가능케 해주는 궁극적 지남指南으로 각인된다. 그렇게 면암을 읽는 밤은 시인에게 "천 개의 물음들이 한 신음에 터질 듯"(「독거에 들다」)한 순간을 선사하고 있고, 나아가 "불타는 얼음의 말 몸을 깨서 전하는 날"(「우박에 관한 몇 개의 비유」)을 가져다주고 있는 것이다. 이 모든 것이 융융하고 가없는 시인의 자기 이입 양상이 아닐까 생각해본다.

　　끝끝내 저 나무는 색에 들지 않는다
　　바람에 끝을 벼린 바늘잎 세필로는

격문은 쓰지 않겠다 붓을 꺾은 고사목

뼈를 깎는 뉘우침이 골각체를 만든다
산세가 험할수록 더 쩡쩡한 산울림이
오히려 필화가 되어 눈 퍼붓는 한라산

세상에 맞서려면 저렇게 간결하라
살점은 다 버리고 흰 뼈만 내리 꽂은
저 뼛센 반골의 획이 가슴팍에 박힌다

―「절필 – 한라산 구상나무에 바침」 전문

시누대 마당비를 독필처럼 움켜쥐면
손가락 깨물어 쓸 필생의 결구 하나
세한의 저 소나무가 신열처럼 뜨겁다

군말을 뽑아내고 수사도 쓸어내어
백지로 드러나는 저작의 흙마당에
몽당비 돌부리 밀듯 턱턱 차는 숨소리

억새풀 서걱대는 비백 같은 울타리 밖
갈필의 바람소리 온 몸에 필사할 즈음

마당가 붉은 동백꽃 낙관처럼 찍힌다

　─「마당을 쓸다 - 추사 적거지에서」 전문

　시조를 향한 그의 자의식은 저변을 한없이 넓혀나간다. 한라산 구상나무를 대상으로 하여 서늘한 '절필'의 순간을 노래한 위의 작품도 그러한 자의식에 바쳐진다. 시인이 바라본 구상나무 고사목은 "바람에 끝을 벼린 바늘잎 세필"로는 격문을 쓰지 않겠다며 붓을 꺾은 모습을 하고 있다. 오랜 세월 수행해온 고되고도 소중한 필치를 멈춘 것이다. 그렇게 고사목에 비추어 스스로를 사유한 시인은 "뼈를 깎는 뉘우침"으로 골각체를 만들어간다. "산세가 험할수록 더 쩡쩡한 산울림"을 통해 "필화가 되어 눈 퍼붓는 한라산"에 선 것이다. 이때 간결하고 흰 뼈만 내리꽂는 "뼛센 반골의 획"이야말로, 면암의 '지부상소'처럼, '시인 이토록'을 예리하고 단호하게 만들어가는 은유적 힘일 것이다. 그런가 하면 추사가 적거謫居했던 곳에서 씌어진 아래 시조는 시누대 마당비를 독필처럼 움켜쥐고는 "필생의 결구 하나"를 소나무처럼 떠올리는 순간을 담았다. 여기서도 시인은 "군말을 뽑아내고 수사도 쓸어내어/백지로 드러나는" 순간을 열망한다. 그러한 비움의 행위로 마당을 쓸면서 "갈필의 바람소리 온몸에 필사할 즈음"을 상상하는 것이다. 그때 붉은 동백꽃이 낙관처럼 가슴에 찍히는 과정을 통해 시인은 "내 안이 어두웠다 눈을 못 뜬 별빛 같은"(「석류」) 미학적 순간을 탐색하면서 "묵음의 긴긴 편지 맨몸으로"(「목간木簡」) 받아들이는 자기 성숙의 순간을 발견해가는 것이다.

결국 이토록 시인은 시조에 대한 철저한 자의식 아래 그에 상응하는 '쓰기'의 은유를 빌려가는 궤적을 보여준다. 다시 말하면 삶의 보편성을 환기하는 장치를 상정한 후 거기에 시인으로서의 자의식을 투영하는 과정을 붙이는 것이다. 물론 이러한 과정이 존재론적 자기도취로 흘러가는 것은 결코 아니다. 오히려 시인은 구체적 상황을 질료로 삼으면서도 그 안에 갇히지 않고 '쓰기'의 정신을 통해 삶에 대한 시인으로서의 존재론적 충동을 토로해가는 것이다. 그 과정이 단연 묵중하고 또 진정성으로 넘친다.

지금까지 우리가 천천히 읽어온 것처럼, 이토록 시인은 자신의 사유와 감각을 응축하고 비본질적인 맥락을 가능한 한 배제하는 시조 미학을 완성해가고 있다. 최근 변격이나 일탈 형식이 채택되곤 하는 경향에 비추어 이러한 그의 시조 미학은 우리 시조단에 중요한 감계鑑戒로 작용하게 될 것이다. 초월과 암시를 주음主音으로 삼으면서 응축의 미학을 구현해가는 그만의 완결성은 앞으로도 귀중한 미적 권역으로 그 중요성을 지켜갈 것이다. 일상의 페이소스와 현실적 중압을 포괄하는 직핍의 사유를 담아낸 그의 시조는 이처럼 존재론적 심층의 언어를 통해 정형 미학의 한 축도縮圖를 빼어나게 그려냈다. 이는 그의 첫 시조집에 많은 이들의 관심이 뒤따르기를 바라는 까닭이기도 할 것이다.